Maren Lindemann

Zöli wohnt in meinem Bauch

ZÖLIAKIE AUS DER SICHT EINES KINDES

+12 Kochrezepte
-glutenfrei-

Sachbuch/Kinderbuch

KLECKS VERLAG

Für unseren wunderbaren Sohn Nicolas,
der sich genau so die Zöli(akie) in seinem Bauch
vorgestellt hat

Maren Lindemann

Zöli wohnt

in meinem Bauch

Zöliakie aus der Sicht
eines Kindes

Sachbuch/Kinderbuch

Inhalt

Kennst du Zöli?

Kennst du Zöli?
Nein? Na ja ... vielleicht ja doch.
Ich kannte sie bis vor Kurzem jedenfalls nicht.
Und nun wohnt sie bei mir, ohne dass ich sie eingeladen habe. Hat sich einfach so und ungefragt bei mir eingenistet! Aber inzwischen kommen wir trotzdem gut miteinander klar.

Aber Moment mal – bevor ich jetzt weiter erzähle, muss ich mich ja erst einmal vorstellen!
Ich heiße Fridolin. Fridolin Hundertwasser. Ich bin vier Jahre alt und wohne zusammen mit meiner Mama, meinem Papa und meinem kleinen Bruder in Zottenhofen. Ich bin ein großer Feuerwehr-Fan und könnte den ganzen Tag mit meinen Feuerwehrautos spielen. Wenn ich groß bin, will ich natürlich – ihr könnt es euch ja denken – Feuerwehrmann werden. Ich liebe es, mit meinen Freunden im Kindergarten Quatsch zu machen, mit dem Fußball durch die Gegend zu rennen und mit Mama zu kochen und zu backen.

Seit Neuestem habe ich auch noch ein weiteres Hobby! Na ja … so kann man es eigentlich nicht wirklich nennen. Vor kurzer Zeit ist nämlich jemand bei mir eingezogen, der mich ziemlich beschäftigt und in Aktion hält. Und dieser Jemand heißt Zöli – also, ich nenne sie Zöli. Denn eigentlich heißt sie mit vollem Namen Zöliakie.

Wenn du wissen möchtest, wer sie ist, kann ich es dir gerne einmal erklären … meiner Mama habe ich vor Kurzem nämlich auch erzählt, wie Zöli so ist und wie sie aussieht: Zöli ist ein kleines süßes Monster mit gold-strubbeligen Haaren, und sie lebt in meinem Bauch. Sie kann manchmal ganz schön frech sein, und früher hatte ich oft das Gefühl, dass sie mit ihrem Skateboard in meinem Bauch herumfährt und viel Unfug treibt. Inzwischen weiß ich auch, warum sie das gemacht hat … aber dazu später mehr!

Zuerst möchte ich dir ja erzählen, wie Zöli zu mir gekommen ist … und das kam so:

Ich hatte Bauchweh – ziemlich oft sogar … und immer mehr … auch nachts … also, ehrlich gesagt, eigentlich immer. Ich habe schon zu Mama und Papa
gesagt, dass ich glaube, dass mein Bauchweh gar
nicht mehr … also, nieeee wieder in meinem ganzen
Leben weggehen wird.

Mama und Papa haben sich natürlich Sorgen gemacht und sind mit mir zu Doktor Vogelsang gegangen, meinem Kinderarzt. Zu ihm gehe ich immer,
wenn es mir nicht gutgeht. Der Herr Doktor hat ein
paar Untersuchungen bei mir gemacht. Er hat dann
später auch alles über Zöli herausgefunden, aber immer hübsch der Reihe nach …

Zuerst hat er mir Blut abgenommen. Dann hat er
meinen Urin und meinen Stuhl (nein, nicht so einen
richtigen, auf dem man sitzen kann! Du kannst ja
deine Eltern fragen, was ich damit meine … hihi) haben wollen. Ich musste das alles in einen Becher ab-
füllen. Er wollte nämlich alles wegschicken – in ein
Labor (oder so ähnlich).

FRIDOLINS TAGEBUCH

Meine Mama musste dann sogar ein Tagebuch schreiben. Darin sollte stehen, was ich alles gegessen habe, wann mein Bauchweh kommt, wie lange es bleibt und so weiter.

Na ja, was soll ich dir sagen: Dabei ist nicht wirklich viel herausgekommen, da war kein »System« erkennbar, so hat der Doktor Vogelsang das genannt. Dann hat er weiter gesucht, also ›geforscht‹ hat er, so sagt man dazu. So unter uns: Ich bin auch ein kleiner Forscher. Daher habe ich das natürlich sehr spannend gefunden.

Ein paar Tage nach den Untersuchungen hat der Herr Doktor dann bei meinen Eltern angerufen und gesagt, dass er jetzt zu wissen glaubt, woher meine Bauchschmerzen kommen. Er hat gesagt, dass er und das Labor einen Verdacht haben (Ohhhh … spannend!) und sie glauben, dass jemand bei mir eingezogen ist … jemand, der Zöliakie heißt. Mein Blutwert, so hat er gesagt, genau der, der für die Zöliakie zuständig ist, der war zwölfmal höher, als er hätte sein dürfen. Ups!

Dann hat er meinen Eltern erklärt, dass ein anderer Arzt auch noch eine Untersuchung machen muss, eine sogenannte Darmbiopsie, und dass er danach dann wohl zu hundert Prozent – ja, so hat er das gesagt – sagen kann, ob ich wirklich diesen ungebetenen Zöliakie-Besuch bekommen habe.

Tja, ich musste also zu einem zweiten Doktor, der hieß Liebeskind. Und dieser Doktor Liebeskind hat dann zur Sicherheit noch ein zweites Mal Blut bei mir abgenommen. Dabei ist dann aber das gleiche Ergebnis herausgekommen wie bei Doktor Vogelsang.

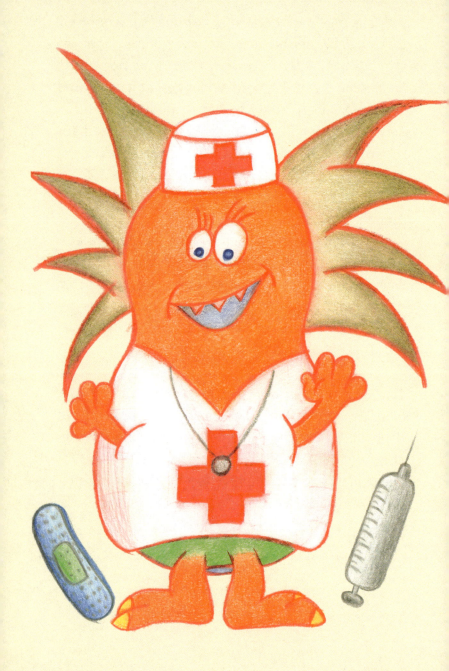

Weil mein Blut so komische Werte hatte, sollte ich also zu einer Darmbiopsie – ein lustiges Wort, oder? – in ein Krankenhaus gehen. Da musste ich aber gar nicht lange bleiben und auch nicht übernachten. Mami und Papi sind auch mit mir dorthin gegangen. Und weil ich nicht alleine war, hatte ich auch nur ein klitzekleines bisschen Grummeln in meinem Bauch.

Weil die Untersuchungen so anstrengend und alles so aufregend war, hab ich dann im Krankenhaus ein wenig geschlafen und sogar geträumt. Und soll ich dir sagen, wovon? Von meinem neuen Feuerwehrauto, das ich von Mama und Papa bekommen habe, weil ich so tapfer zu Doktor Liebeskind gegangen bin.

Nun ja, während ich also so vor mich hingeträumt habe, hat der Doktor Liebeskind eine Darmbiopsie gemacht. Dabei hat er also ein paar Proben aus meinem Darm entnommen. Diese wurden dann wieder in ein Labor geschickt. Dort wurden sie untersucht – mit einem echten Mikroskop (so eins wünsche ich mir übrigens auch einmal).

Und als er alle Ergebnisse zusammen hatte, konnte er mir mit Sicherheit sagen, dass eben die Zöli bei mir eingezogen ist – na ja, er hat sie natürlich Zöliakie genannt. Aber Zöli und ich haben uns inzwischen auf die kurze Form geeinigt – klingt ja auch viel netter, findest du nicht!?

Tja! Somit hatte ich also auf einmal Besuch von einem kleinen, süßen Monsterchen. Da hätte ich ja nun auch nicht mit gerechnet. Und nun hat sie einfach Lust darauf, mein Leben lang bei mir zu bleiben. Ganz schön frech von ihr, oder?! Aber die Zöli ist wirklich hartnäckig, und ich streite mich doch so ungern. Also muss ich das jetzt eben einfach hinnehmen.

Was macht Zöli
in meinem Bauch?

Wie ich dir ja schon gesagt habe, ist die Zöli ein kleines Monsterchen. Sie sieht aus wie ein lustiges kleines Monstermädchen, hat goldene Haare und ein buntes strubbeliges Fell. Ihr macht es tierischen Spaß, mich und andere Kinder zusammen mit ihren Freunden zu ärgern.

Ja, ganz genau!
Du hast ganz richtig gehört.
Sie hat nämlich noch ihre Zöliakie-Freunde!
Zum Beispiel den Zöli-Max, die Zöli-Trine, die Zöli-Biene …
Na ja, und die ärgern auch noch viele, viele andere Kinder außer mir …
… vielleicht ja auch dich?!

Die Zöli und ihre Zöliakie-Freunde haben ganz viele verschiedene Methoden, die Kinder zu ärgern. Ich hatte ja zum Beispiel ständig Bauchweh.

Aber ich habe auch schon gehört, dass manche Kinder noch ganz viele andere Probleme haben. Dass sie zum Beispiel gar keinen Appetit mehr haben und ihnen die Lust auf ein leckeres Essen fehlt.

Dass sie müde sind oder auch Durchfall oder Verstopfung haben. Viele wachsen auch gar nicht richtig und nehmen kaum noch an Gewicht zu oder haben im Gegenteil einen kugelrunden Bauch! Das ist ganz schön gemein und ärgerlich. Kennst du das vielleicht auch? Geht es dir auch manchmal gar nicht so gut? Dann können dafür die Zöli und ihre Freunde verantwortlich sein.

Ich möchte jetzt aber nicht, dass du einen falschen Eindruck von der Zöli bekommst, denn eigentlich ist sie ja ganz lieb. Allerdings fängt sie immer dann wieder an verrücktzuspielen, wenn sie etwas Falsches zu essen bekommt. Wenn sie mich also mal wieder so richtig tüchtig ärgert, möchte sie mich einfach nur darauf aufmerksam machen, dass da was mit dem Essen schief gelaufen und irgendetwas Falsches in meinen Bauch geraten ist. Und genau dann fängt sie an, an meinen Darmzotten zu knabbern! Also, so stelle ich mir das zumindest vor ... das mit dem Knabbern!

Kennst du Darmzotten eigentlich? Weißt du, was diese Zotten sind? Also, ich gebe ja zu, dass ich bis vor Kurzem nicht gewusst habe, was es mit diesen Darmzotten auf sich hat. Aber ich kann sie dir ja mal vorstellen und erklären, wie ich es verstanden habe. Stell dir mal den Darm in deinem Bauch vor – das ist ja ein ganz schön langer Schlauch. Ein Teil davon heißt Dünndarm. Und auf diesen Dünndarm hat es die Zöli mit ihren Freunden abgesehen. Immer wenn ich etwas Falsches gegessen habe – später erkläre ich noch, was richtiges und falsches Essen ist –, hat das dazu geführt, dass die Zöli in meinem Bauch angefangen hat zu arbeiten, also zu knabbern. Dadurch hat sich meine Dünndarmschleimhaut entzündet und immmmmmer mehr entzündet. Gaaaanz viel Gewebe in meinem Darm kann so zerstört werden, und nichts, was ich esse, wird mehr richtig verdaut und bleibt einfach in meinem Darm hängen. Wie gemein! Auf meinem (übrigens auch auf deinem) Dünndarm sind kleine Berge, die sogenannten Zotten, die mal hoch und mal runter gehen … so wie Berg und Tal. Und eigentlich waren diese Berge einmal sehr hoch, fast so hoch wie die Alpen (okay, jetzt habe ich vielleicht ein bisschen übertrieben). Aber weil die Zöli sich so über meine Ernährung geärgert, an meinen Zotten geknabbert und sich dadurch meine Dünndarmschleimhaut entzündet hat, sind die Berge immer niedriger und niedriger geworden. Nun ja … und dann waren es eigentlich gerade mal nur noch kleine Hügelchen.

Aber die Zöli macht das ja nicht mit böser Absicht. Eigentlich will sie ja gar nichts von meinem Dünndarm und will viel lieber Spaß mit mir haben. Mein kleines Monsterchen verträgt einfach einen bestimmten Bestandteil in der Nahrung nicht. Und dieser Bestandteil heißt Gluten. Das ist so eine Art Klebstoff im Essen. Dummerweise ist dieses Gluten in furchtbar vielen Lebensmitteln drin. Vor allem in solchen, die aus Getreide hergestellt werden. Wie zum Beispiel in Brot, Brötchen, Kuchen, Keksen und so. Aber manchmal versteckt sich dieser Klebstoff sogar in Lebensmitteln, in denen gar kein Getreide ist und in denen man ihn gar nicht vermuten würde.

Bitte, hab jetzt aber keine Angst, dass du das alles nicht mehr essen kannst. Ehrlich gesagt hatte ich das ja zuerst auch. Inzwischen weiß ich aber, dass es all die tollen Sachen auch ohne Gluten gibt und dass die Zöli sich und mich gar nicht ärgern muss.

Es ist nun einfach so, dass die Zöli kein Gluten mag. Somit muss ich jetzt also wohl oder übel aufpassen, dass ich keines mehr esse, sonst bekommen wir wieder Stress miteinander, und darauf habe ich ja gar keine Lust.

Daher hat mir Herr Doktor Vogelsang eine Liste für Kinder geschenkt, damit ich weiß, wo dieser komische Klebstoff überall drinnen ist:

Dr. Vogelsangs Liste

Achtung Gluten!
Weizen
(Weizenstärke/ Weizeneiweiß/ Weizenkleber),
Dinkel, Roggen, Gerste/Gerstenmalz,
Grünkern, Hafer, Kamut, Einkorn, Bulgur,
Triticale, Emmer

Daraus hergestellte Lebensmittel:
Mehl, Teigwaren, Grieß, Graupen, Seitan,
Flocken (Müsli), Paniermehl

Gluten ist enthalten in:
Brot, Brötchen, Baguette, Blätterteig,
Gnocchi, paniertem Fleisch oder paniertem
Fisch, Pizza, Nudeln, Knödel,
Kuchen, Torten, Kekse, Müsliriegel,
Knabbergebäck,
Eiswaffeln, Malzbier
etc.

Bitte immer genau die Zutatenliste lesen!

(Dr. Vogelsang orientiert sich an der Liste der DZG: www.dzg-online.de)

Und er hat mir natürlich auch eine Liste von Sachen gegeben, die Zöli und ich essen dürfen, ohne dass wir Probleme miteinander bekommen:

Ohne Gluten!

Hirse, Mais, Reis, Wildreis, Buchweizen,
Quinoa, Amaranth, Teff

Unverarbeitet:

Obst, Gemüse, Salat, Kartoffeln, Milch,
Naturjoghurt, Buttermilch, Quark, Butter, Frischkäse (natur),
Naturkäse, Pflanzenöl, Fleisch, Fisch, Meeresfrüchte,
Zucker, Honig, Konfitüre, Marmelade, Ahornsirup,
Nüsse, Hülsenfrüchte, reine Gewürze und Kräuter, Eier

Vorverarbeitet:

Tofu, Sojamilch, Mozzarella in Salzlake,
reine Fruchtsäfte, Wasser

Bitte immer genau die Zutatenliste lesen!

So … bist du jetzt vielleicht etwas beruhigt?

Wie du nämlich auf Doktor Vogelsangs Liste sehen kannst, mag die Zöli ganz schön viele Sachen leiden. Ich habe mich sehr darüber gefreut.
Ich gebe ja zu, dass ich am Anfang sehr erschrocken und echt stinkig auf die Zöli war. Aber nachdem ich gesehen habe, dass sie ganz viele und richtig leckere Sachen, die ich sowieso mag, auch gut leiden kann, habe ich mich wieder beruhigt. Und jetzt, ja, jetzt haben die Zöli und ich uns schon an unsere gemeinsamen Vorlieben gewöhnt, und ich passe ehrlich gesagt auch selbst ganz schön gut darauf auf, dass die Zöli und ich nichts Falsches essen …

Und weißt du was? Es gibt sogar ein extra Zeichen auf den Lebensmitteln, damit man weiß, dass kein Gluten drinnen ist. Zöli zeigt es dir mal:

Zöli ist jetzt immer dabei

Zöli in unserer Küche

Nachdem Mama, Zöli und ich uns zusammengesetzt und in aller Ruhe die Listen von meinem Kinderarzt durchgelesen haben, haben wir einen Entschluss gefasst! Wir haben zu Hause erst einmal unseren ganzen Küchenschrank radikal ausgemistet. Das kannst du dir so vorstellen, dass wir jedes Lebensmittel in die Hand genommen und uns erst einmal genau durchgelesen haben, was da so alles drin ist.

Die Zöli hat das eine oder andere Mal ganz schön gemeckert. Da uns das wirklich genervt hat, haben wir eine große Tüte genommen und gleich alle Sachen aus dem Schrank geräumt, an denen sich die Zöli gestört hat. Die haben wir dann später meinem Nachbarn geschenkt. Das mit dem Ausmisten haben wir so lange gemacht, bis die Zöli mit uns und dem Schrank zufrieden war. Und dann war Ruhe ... jawohl!

Mama, Papa und mein kleiner Bruder essen natürlich noch Sachen mit diesem Klebstoff, also dem Gluten. Gerade mein kleiner Bruder muss es essen, damit er sich daran gewöhnt. Aber so Fertigsachen, in denen Gluten enthalten ist, die gibt es bei uns im Schrank eben nicht mehr. Und Gewürze, in denen das ›Zeug‹ drin ist, auch nicht.

Das war aber noch lange nicht alles, was sich bei uns in der Küche verändert hat.

Zöli und ich haben jetzt sogar ein paar eigene Küchengeräte. Zum Beispiel einen eigenen Brotbackautomaten, in dem wir uns immer unser eigenes Brot backen, einen eigenen Mixer und einen eigenen Toaster. Auch Holzbesteck gibt es jetzt in doppelter Ausführung ... Gluten klebt ja sooo gerne an Holz! Und meine Mama spült jetzt eigentlich alles in der Maschine, denn im Spülwasser schwimmt das Gluten sehr gerne herum und würde sich wieder überall festsetzen. Auch eine eigene Butter und Marmelade haben wir jetzt, da in den anderen ja immer die Brotkrümel mit dem Klebstoff kleben. Auf alle Sachen, die mir gehören, hat die Mama jetzt Zölis und meinen Namen geschrieben. So können wir auch nichts mit denen von Mama, Papa und meinem Bruder vertauschen.

Und … Achtung!

Jetzt gibt es sogar einen extra Schrank, in dem sich die Zöli austoben kann. In diesem Schrank sind nur Sachen, die kein Gluten haben und die wir ohne Bedenken essen können. Ist das nicht cool?!

Zöli kommt mit in den Kindergarten ...

Tja, die Zöli wohnt ja nun nicht nur in meinem Bauch und bei mir zu Hause, neiiiin, sie kommt ab sofort auch mit mir in den Kindergarten (oh Mann … und an noch so einige andere Orte …).

Ich glaube, dass meine Mama und mein Papa sich am Anfang Sorgen gemacht haben, wie das mit mir und der Zöli wohl im Kindergarten wird. Sie haben es mir zwar nicht gesagt, aber ich glaube, sie hatten Angst, dass ich dort etwas Falsches zu essen bekomme und die Zöli wieder damit anfängt, mich zu ärgern. Aber sie hätten sich gar keine Sorgen machen müssen. Da hat sich auch alles sehr schön geregelt, wie die Mama jetzt sagen würde. Und das kam so:

Direkt als die Zöli bei mir eingezogen ist, hat die Mama einen Termin mit meinem Erzieher Ferdinand gemacht, um mit ihm über die Zöli und mich zu sprechen. Es ist nämlich ganz super wichtig, dass alle genau über die Zöli und ihren Einzug bei mir informiert werden. Nur dann geht nichts schief und sie bekommt nichts zu essen, was sie nicht mag.

Wie sich herausstellte, hatte der Ferdinand schon einmal davon gehört, dass es Kinder gibt, bei denen Zöli und ihre Zöli-Freunde plötzlich einziehen. Richtig kennengelernt hatte er sie aber noch nicht und war sehr dankbar über das offene Gespräch mit meiner Mama.

Mama hat zum Gespräch mit dem Ferdinand die Liste von Doktor Vogelsang und auch einige Informationen der DZG (Deutsche Zöliakie Gesellschaft e.V.) mitgenommen und hat ihm die Unterlagen dann auch gleich geschenkt. Der Ferdinand hat sich sehr darüber gefreut und sich alles ganz genau durchgelesen.

Und weil er die Liste so toll fand, hat er sie gleich den anderen Erzieherinnen in meinem Kindergarten gezeigt. Mit denen sitzt er nämlich einmal in der Woche zusammen. Er hat ihnen erzählt, dass die Zöli jetzt bei mir wohnt. Alle haben ihm aufmerksam zugehört, haben sich die Informationen angeschaut und sich dann alles ganz genau aufgeschrieben. Manche von den Erzieherinnen kannten die Zöli und ihre Freunde auch schon ... bei den großen Kindern aus dem Hort gibt es nämlich auch schon einige, bei denen Freunde von der Zöli eingezogen sind.

Für mich ist das natürlich toll. Denn genau deswegen gibt es in meinem Kindergarten auch schon extra Essen für Zöli und ihre Freunde.

Das hat die Mama, den Papa und mich sehr gefreut. Ich muss kein eigenes Essen mitbringen und bekomme einfach von der Sieglinde aus der Küche mittags immer einen extra abgepackten Teller mit Essen. Und das mag die Zöli auch.

Vielleicht gibt es so etwas ja auch bei dir? Deine Eltern können ja einfach mal nachfragen! Und wenn nicht, mach dir bitte keine Sorgen! Bestimmt gibt es eine Mikrowelle, in der dein Essen warmgemacht werden kann oder einen Herd ... Dann nimmst du dir einfach jeden Tag eine ganz tolle Zöli-Box mit und kannst dann auch etwas ganz Leckeres essen!

Manchmal, aber wirklich nur ganz selten, gibt es keine Nachtisch-Alternative für die Zöli und mich. Die Zöli ist aber ganz schön verfressen (hihi ... und ich auch)! Und weil sie stiinnnkkesauer werden kann, wenn sie nicht noch eine Kleinigkeit nach dem Essen bekommt, haben wir überlegt, was wir da machen können. Und was soll ich dir sagen? Die Zöli und ich hatten eine grandiose Idee. Wir haben jetzt im Kindergarten eine extra Kindergarten-Zöli-Box.

Mama und ich haben eine genial-tolle Kiste gekauft und anschließend beklebt … sie ist echt schön geworden! Mit Marienkäfern drauf. Das hat mega viel Spaß gemacht! Und Reis- und Maiswaffeln habe ich inzwischen auch immer in der Box – falls ich mal bis zum Spätstück (lustiger Name, oder?) am Nachmittag bleibe und es dann Brötchen oder irgendetwas mit Klebstoff für die Kinder gibt. Dann habe ich immer eine tolle Alternative in meiner schönen Box.

Was ich aber eigentlich sagen wollte, ist, dass in dieser Box ganz viele tolle Sachen drin sind, die die Zöli und ich mögen.

Immer wenn es keinen Nachtisch für uns gibt, oder wenn ein Kind etwas zu seinem Geburtstag mitbringt, was wir nicht essen dürfen, darf ich an meine Box gehen. Und manchmal frage ich den Ferdinand auch einfach zwischendurch, ob ich etwas aus meiner Box haben darf. Hihi … und der kann meistens nicht »Nein« sagen!

Damit die anderen Kinder sich nicht wundern, warum ich auf einmal anders esse und ich eine eigene Box habe, haben wir im Morgenkreis darüber gesprochen.

Und weißt du, was echt lustig ist und was wir beim Morgenkreis herausgefunden haben? Ganz viele Leute dürfen irgendetwas nicht essen …

Zum Beispiel darf der Ottfried keine Milchsachen trinken und essen. Die Mathilda muss ganz doll aufpassen, dass sie nichts isst, wo auch nur ein klitzekleines bisschen Nuss drinnen ist. Sie hat übrigens jetzt auch so eine Box wie ich. Und weißt du was? Meine Erzieherin, die Franziska, die darf nicht einmal Obst essen ... und das fand ich ja wirklich krass. Also, ohne meine geliebten Bananen hätten die Zöli und ich aber wirklich ein Problem. Irgendwie hat fast jeder in meinem Kindergarten eine ›Unverträglichkeit‹, so nennt man das. Das bedeutet, dass sie irgendetwas in ihrem Essen oder Trinken nicht vertragen. Ich bin also gar keine Ausnahme!

Na ja ... du siehst also: Zöli kann ruhig mit in den Kindergarten kommen – wir haben alles im Griff!

... und auch sonst überall mit hin!

Letztens war ich auf einer Party eingeladen. Ja, du hast richtig gehört: auf so einer richtigen Party. Es war eine Abschiedsparty von meiner Freundin Edda. Sie geht mit ihrer Familie in ein anderes Land. Nun ja, ich schweife ab.

Also ich glaube, ich muss dir ja schon gar nicht mehr viel sagen, weil du es dir schon denken kannst. Die Zöli ist natürlich so versessen auf eine gute Party, dass sie unbedingt mitkommen wollte. Da ich es ihr ja schlecht verbieten kann, weil sie sowieso nicht auf mich hört, hat meine Mama mit der Mama von Edda gesprochen und ihr von Zöli erzählt. Eddas Mama wusste nicht so recht, was sie von der Zöli halten sollte, glaube ich. Mama meinte, dass sie wohl etwas unsicher gewesen sei, vielleicht ja weil nun ein Gast mehr auf die Party kommen wollte.

Aber Mama kennt das ja schon, dass die Leute das nicht immer gleich verstehen und sie hat dann versprochen, dass ich einfach eine Box mitnehmen werde, in der viele Leckereien für die Zöli und mich drin sind. Da die Zöli und ich uns immer aussuchen können, was alles in die Box kommt und ich die Sachen in der Kiste so lecker finde, war es gar nicht schlimm für mich, dass die anderen Kinder andere Sachen mit diesem Klebstoff Gluten gegessen haben. Ich glaube, dass manche von ihnen sogar auch gerne so eine Box gehabt hätten – sie haben manchmal ganz schön neidisch zu mir rüber geschaut. Ich habe ihnen natürlich auch etwas abgegeben.

Tja, was soll ich dir sagen? So eine Kiste nehme ich jetzt überall mit hin, wo ich nicht so genau weiß, ob es etwas Gutes zu essen für die Zöli und mich gibt.

Mama hat sowieso jetzt immer etwas für mich dabei, wenn wir unterwegs sind … weil es manchmal eben nur einen Bäcker oder etwas Ähnliches gibt, wenn ich plötzlich Hunger bekomme. Und dort finden die Zöli und ich eben nichts zu essen. Meine Mama steckt immer etwas Gutes in ihre große Tasche. Und wenn wir zum Beispiel mal zu einem Möbelhaus bei uns um die Ecke fahren, wo ich doch sooooo gerne Hotdogs esse, dann hat sie einfach ein anderes Brötchen dabei und die Menschen hinter der

Theke packen dort mein Würstchen rein. In deren Wurst ist nämlich kein Gluten. Und damit ist dann auch die Zöli zufrieden und wir können gemeinsam einen leckeren Hotdog essen.

Manchmal gehen wir auch woanders zum Essen hin. Wir haben ja inzwischen herausgefunden, wo die Zöli mit dem Essen zufrieden ist. Wenn es dort zum Beispiel Hamburger gibt, in deren Frikadelle kein Brot oder Ähnliches verarbeitet ist, bekomme ich einfach die Frikadelle, ohne dass die jemals ein Brötchen gesehen hat. Mein Papa hat neulich einmal zu mir gesagt, dass er als Kind viel dafür gegeben hätte, die Wurst auch ohne Brot essen zu dürfen ... hihi ... lustig ... ich darf das jetzt. Da ist der Papa vielleicht neidisch, kann ich dir sagen.

Mein Metzger sagt immer: In einer guten Wurst hat Gluten nichts zu suchen! Kontrollieren müssen die Zöli und ich natürlich trotzdem immer ... das ist ja klar!

Meinen Zöli-Pass habe ich im Restaurant jetzt auch immer dabei ... für den Fall, dass jemand die Zöli so gar nicht kennt. Ich erzähle dir später noch genau, was das ist.

Jetzt habe ich die Zöli aber erst einmal gefragt, was sie so am liebsten in meiner Mitnahme-Box mag. Und auf den nächsten Seiten haben die Zöli und ich dir mal ein paar Leckereien aufgeschrieben:

Zölis Mitnahme-Box

Zölis Hackbällchen

- 500 g gemischtes Hackfleisch
- 180 g Quark
- 1 Zwiebel
- 1 EL Tomatenmark
- 100 g Feta
  (wahlweise auch Mozzarella oder Gouda)
- Salz, Pfeffer, Buchweizen-Mehl als Panade
- Öl zum Braten

Zubereitung:
Die Zwiebel und den Feta (Mozzarella, Gouda) klein würfeln. Hackfleisch, Quark, Zwiebel, Tomatenmark und Feta (Mozzarella, Gouda) vermengen und nach Belieben mit Salz und Pfeffer würzen. Aus der Masse kleine Kügelchen formen, in Buchweizenmehl wenden und kross in heißem Öl anbraten.

Zölis Nuggets

- 500 g Hähnchenbrust
- 1 Glas Pesto (je nach Geschmack rot oder grün)
- 150 g Mais-Cornflakes

Zubereitung:
Die Hähnchenbrust waschen, trocknen und auf Nugget-Größe zerkleinern. Die Mais-Flakes in einen Gefrierbeutel füllen und zerdrücken. Das Pesto in eine Rührschüssel geben. Nun die Nugget-Stücke in die Schüssel geben und mit einem Löffel mit dem Pesto vermengen. Im Anschluss die Nuggets nach und nach in den Gefrierbeutel mit den zerstoßenen Flakes geben, bis diese gut ummantelt sind, und nebeneinander auf ein mit Backpapier ausgelegtes Backblech legen.

Den Backofen auf 180° C Umluft vorheizen und je nach Backofen und Nugget-Größe zwischen 20 und 30 Minuten backen.

Zölis bunte Spieße
(Für 5 Spieße)

- 5 Spieße
- 5 Cocktailtomaten
- 5 Mozzarella-Kügelchen
- 5 Cocktailwürstchen
- 5 kleine Stücke Gouda
- 5 Weintrauben
- 5 Gummibärchen

Zubereitung:
Auf einen Zahnstocher werden der Reihe nach je eine Cocktailtomate, ein Mozzarella-Kügelchen, ein Cocktail-würstchen, ein Stück Gouda, eine Wein-traube und zum Nachtisch ein Gummibärchen auf-gespießt.

Die Spieße passen perfekt in die Box, sind schön bunt und werden heiß und innig von Zöli (und mir) geliebt.

Zölis Schoko-Pudding-Muffins

- 100 g Schokostreusel
- 200 g glutenfreies Mehl
  (z.B. von Schär-Kuchen und Kekse Mix C)
- 1 Pck. Puddingpulver
- 1/2 Pck. Backpulver (glutenfrei)
- 150 g Zucker
- 1 Pck. Vanillezucker
- 200 g Margarine
- 3 Eier
- 100 ml Milch

Zubereitung:
Alle Zutaten miteinander verrühren, die Schokostreusel zuletzt hinzufügen. Ca. 16 Muffin-Förmchen mit dem Teig befüllen und bei 160° C Umluft für ca. 20 Minuten backen.

... und weitere tolle und leckere Rezepte

Zölis Pizza/Flammkuchen

Grundrezept für den Teig:
- 200 g Streukäse (z.B. Gouda)
- 3 Eier
- 200 g gekörnter Frischkäse
- 50 g Mandelmehl

Zutaten für Salami-Pizza:
- 100 g Tomatenmark/Tomatensoße
- 15 Scheiben Salami
- 125 g Streukäse
- Salz, italienische Kräuter

Zutaten für Flammkuchen:
- 125 g Schinkenwürfel
- 125 g Frühlingszwiebeln
- 200 g Creme fraiche

Zubereitung:
Zuerst einen Grundteig herstellen. Hierzu alle Zutaten für den Teig in eine Schüssel geben und gut verrühren. Den Teig auf ein mit Backpapier ausgelegtes Backbleck geben und dort ausbreiten. Im Anschluss den Teig bei 180°C Umluft für 20 Minuten backen.
Für die Pizza: Nach 20 Minuten Backzeit das Blech aus dem Ofen holen und den Teig mit Tomatenmark

oder Tomatensoße bestreichen. Mit Salz und italieni-schen Kräutern würzen. Danach mit Salami und Käse belegen und ca. 7 Minuten bei 180°C backen, bis der Käse goldbraun ist.

Für den Flammkuchen: Nach 20 Minuten Backzeit das Blech aus dem Ofen holen und den Teig mit Creme fraiche bestreichen. Danach mit den Schin-kenwürfeln und den in kleine Ringe geschnittenen Frühlingszwiebeln betreuen und ca. 7 Minuten bei 180°C backen!

Zölis glutenfreie Krapfen
(Berliner Ballen, Kreppel)

- 250 g glutenfreies Mehl
  (z.B. Kuchen & Keks Mix von Schär)
- 2 Eier
- 125 ml lauwarme Milch
- 4 EL Zucker
- ½ Tüte Trockenhefe
- 1 Pck. Backpulver (glutenfrei)
- 40 g Butter

Zusätzlich:
Entweder ein Krapfeneisen (sieht äußerlich aus wie ein Waffeleisen, hat im Inneren aber kleine Einkerbungen für Kugeln). Oder ca. 300 g Pflanzenfett für das Ausbacken der Krapfen in einem Topf. Darüber hinaus Marmelade zum Befüllen der Krapfen und ein Spritzbeutel mit Fülltülle.
Glutenfreies Mehl zum Bemehlen der Arbeitsplatte und weitere 200 g Zucker.

Zubereitung:
Das Mehl mit dem Zucker, Backpulver und dem Salz in einer Schüssel vermischen. Die Eier und die in kleine Teile gestückelte weiche Butter hinzugeben.

Die Hefe in der lauwarmen Milch auflösen, in die Mitte des Teiges füllen und 3 Minuten mit dem Knethaken zu einer gleichmäßigen Masse verarbeiten. Im Anschluss die Schüssel mit einem Trockentuch abdecken und den Teig an einem warmen Ort für 15 Minuten gehen lassen.

Den Teig im Anschluss weiterverarbeiten. Entweder in die Einkerbungen des Krapfeneisens füllen oder aus dem Teig gleichmäßig große Kugeln formen und diese in heißem Pflanzenfett ausbacken bis sie goldbraun sind.

Im Anschluss die Krapfen mit Marmelade oder auch Pudding befüllen. Zöli liebt sie besonders mit selbstgemachter Erdbeer-Marmelade.

Zölis Quark-Käsekuchen

- 125 g Butter
- 350 g Zucker
- 1 Pck. Puddingpulver
- 3 Eier
- 3 EL Reisgrieß (alternativ Maisgrieß)
- 500 g Magerquark
- 500 g Quark (20% Fett)
- 1 Pck. Backpulver (glutenfrei)
- 1 Pck. Vanillezucker
- 1 Spritzer Zitronensaft

Zubereitung:
Dieser Kuchen ist wirklich ganz leicht. Zöli und Fridolin haben ihn schon einmal ganz alleine gemacht. Einfach alle Zutaten in eine Schüssel geben und zu einem homogenen Teig vermischen. Die Masse in eine gefettete Springform füllen und im vorgeheizten Backofen bei 180°C Umluft für ca. 60 Minuten backen. Mit einem Holzspieß die Garprobe machen.
Der Kuchen sollte komplett in der Form auskühlen.

Zölis Tomatenreis mit gekochtem Schinken

- 1 große Zwiebel
- 20 g Pflanzenöl
- 100 g Reis
- 200 g Möhren
- 1 Dose stückige Tomaten (400 g)
- 200 g gekochten Schinken
- Salz, Pfeffer und weitere Gewürze nach Geschmack
- Parmesan nach Wahl

Zubereitung:
Reis nach Packungsanleitung kochen. Während der Reis kocht Zwiebeln, Möhren und Schinken in kleine Würfel schneiden. Die Zwiebeln und die Möhren in einer gefetteten Pfanne andünsten/garen. Den gekochten Reis, den Schinken und die Tomaten hinzufügen, kurz erhitzen und heiß servieren. Manchmal verfeinert die Zöli ihren Reis, indem sie ihn mit Parmesan bestreut.

Zölis Buchweizen-Pfannkuchen

- 4 Eier
- 8 EL Buchweizenmehl
- 2 EL Zucker
- 400 ml Milch
- 1 TL Backpulver (glutenfrei)
- 1 Prise Salz
- Ein Schuss Mineralwasser mit Kohlensäure (macht den Teig fluffig)
- Öl zum Braten

Zusätzlich:
Marmelade, Nutella, Bananen oder ähnliches zum Belegen des Pfannkuchens.

Zubereitung:
Die Eier mit dem Zucker schaumig schlagen und mit der Milch verrühren. Mehl, Salz und Backpulver und Mineralwasser hinzufügen und zu einem glatten Teig verrühren. Eine Pfanne erhitzen und je nach Pfannengröße 1-2 Schöpfkellen des Teiges in die Pfanne geben. Wenn sich kleine Bläschen auf dem Teig bilden, diesen wenden und von der anderen Seite backen.

Im Anschluss mit Marmelade, Nutella, Bananen oder Ähnlichem belegen und lauwarm genießen. Zöli macht manchmal sogar alles gleichzeitig auf ihre Pfannkuchen.

Zölis Brot ohne Mehl

- 300 g glutenfreie Haferflocken (z.B. von Bauck)
- 1 Pck. Backpulver (glutenfrei)
- 450 g Quark
- 6 Eier
- 150 g geraspelte Möhren
- 100 g Walnüsse
- 2 TL Salz
- 4 EL Sonnenblumenkerne
- 4 EL Kürbiskerne
- 4 EL Leinsamen

Zubereitung:
Die Haferflocken in einem Mörser zerkleinern. Danach alle Zutaten in eine Schüssel geben und gut verrühren. Eine Kastenform mit Backpapier auslegen und den Teig hineinfüllen. Das Brot bei 180°C Umluft für ca. 75 Minuten backen! Zöli mag das Brot besonders gerne mit gesalzener Butter!

Zölis fluffige Buttermilchwaffeln

- 250 g Butter
- 250 g Zucker
- 6 Eier
- 500 g glutenfreies Mehl
  (z.B. Mehl Farine von Schär)
- 1 Pck. Backpulver (glutenfrei)
- 2 Pck. Vanillezucker
- 350 bis 400 ml Buttermilch

Zubereitung:
Die Butter und den Zucker schaumig rühren. Im Anschluss alle weiteren Zutaten unterrühren. Soviel Buttermilch verwenden, bis der Teig sämig und nicht fest ist. Zöli liebt es, besonders viel Buttermilch in den Teig zu geben.
Ab ins Waffeleisen und goldbraune Waffeln backen.

Zölis Power-Müsli

- 3 EL glutenfreie Haferflocken (z.B. von Bauck)
- 3 EL Quinoa Flakes
- 3 EL glutenfreie Cornflakes
- 3 EL Amaranth (gepufft)
- Eine Handvoll Beeren
  (Himbeeren, Erdbeeren, Blaubeeren)
  oder anderes Obst
- 1 bis 2 EL Honig (je nach Geschmack)
- 200 g cremig gerührter Joghurt

Zubereitung:
Den Honig und den Joghurt in eine Schüssel füllen und gut verrühren. Haferflocken, Quinoa Flakes, Cornflakes, Amaranth und die Beeren miteinander vermengen und im Anschluss über die Joghurt-Honig Mischung geben.
Zöli mischt auch manchmal ein paar Schokostreusel in ihr Müsli.

Es gibt noch sooooo viele leckere Rezepte, die die Zöli und ich dir so aufschreiben könnten ... hihi ... aber dann wird das ja ein Kochbuch. Und außerdem futtert die Zöli schon genug. Deswegen muss das an dieser Stelle erst einmal reichen.

Aber vergesst bitte nicht, auch beim Nachkochen der Rezepte alle einzelnen Produkte (wie z.B. Backpulver) auf ihre Inhaltsstoffe zu überprüfen!

Viel Spaß beim Ausprobieren!

Zöli(s)-Pass

Weißt du noch – ich habe dir ja vorhin versprochen, dir noch etwas zu meinem Zöli-Pass zu
sagen.

Also! Die Zöli und ich, wir beide also, wir haben
uns etwas überlegt. Ganz oft wissen die Leute ja
noch nicht, wer die Zöli ist und auch nicht, dass sie
manchmal ein bisschen zickig mit dem Essen sein
kann. Und manchmal habe ich auch gar keine große
Lust, über ihre Wünsche und Bedürfnisse zu sprechen und immer wieder alles zu erklären. Gerade
dann zum Beispiel, wenn wir in einem Restaurant
sind. Natürlich komme ich nicht drum herum, darüber zu sprechen. Aber wir haben, damit es für mich
einfacher wird, der Zöli jetzt einen eigenen Personal-
ausweis gemacht. Mama, Papa, mein kleiner Bruder
und ich haben ja schließlich auch einen. Und da haben die Zöli und ich gedacht, dass sie auch einen
braucht. Da steht jetzt ganz genau drauf, wo sie
wohnt (also bei mir …) und was sie beim Essen über-
haupt nicht leiden kann.

Vielleicht magst du dir ja auch einen Zöli-Pass für
unterwegs gestalten, den du dann immer mitnehmen
kannst?!

Name: Zöli (Akie)

Wohnhaft bei: Fridolin Hundertwasser

Eigenart: Darf kein Gluten essen!

Achtung Gluten

Weizen, (Weizenstärke/Weizeneiweiß/Weizenkleber),
Dinkel, Roggen, Gerste/Gerstenmalz, Grünkern, Hafer,
Kamut, Einkorn, Bulgur, Triticale, Emmer

Daraus hergestellte Lebensmittel

Mehl, Teigwaren, Grieß, Graupen, Seitan, Flocken
(Müsli), Paniermehl

Gluten ist enthalten in

Brot, Brötchen, Baguette, Blätterteig, Gnocchi,
paniertem Fleisch oder paniertem Fisch, Pizza,
Nudeln, Knödel, Kuchen, Torten, Keksen,
Müsliriegel, Knabbergebäck, Eiswaffeln, Malzbier
etc.

Wichtig

Stärke und modifizierte Stärke sind glutenfrei, wenn
dahinter nicht (Weizen) oder (Gluten) steht!
Lebensmittel mit der Info »Kann Spuren von Gluten
enthalten«, die DZG geprüft sind, dürfen verzehrt
werden!

Zöli und ich sagen »Tschüss«

Ich könnte dir noch viele lustige Geschichten von der Zöli und mir erzählen, da wir inzwischen ja schon eine ganze Weile zusammen leben. Aber eigentlich wollte ich dir ja nur berichten, wie die Zöli zu mir gekommen ist, welche ersten Erfahrungen wir zusammen gemacht haben und was Zöliakie eigentlich ist. Und jetzt weißt du ja schon ganz viel, und die Zöli und ich verabschieden uns von dir.

Auch du kannst uns ganz getrost »Tschüss« sagen und musst dir keine Sorgen um uns machen. Die Zöli und ich kommen inzwischen wirklich gut miteinander klar, und wir ärgern uns auch gar nicht mehr. Meinem Bauch geht es jetzt auch richtig gut, seitdem ich genau weiß, was ich essen kann. So hat die Zöli gar keinen Grund mehr, an meinen Zotten herum zu knabbern.

Falls du in der Zwischenzeit auch herausgefunden hast, dass die Zöli oder ein Zöli-Freund oder eine Zöli-Freundin von ihr bei dir eingezogen ist, mach dir keine Gedanken. Wenn du dich an ein paar einfache Regeln hältst, ist es gar nicht so schwer, dich an die neue Situation zu gewöhnen. Und wenn gar nichts mehr geht, dann frag einfach die Zöli und mich … wir regeln das schon (hihi …)!

Viel Erfolg und liebe Grüße!

Dein Ferdinand

Was meine Mama gerne noch deinen Eltern sagen möchte

Vielleicht ergeht es Ihnen wie mir. Als unser Sohn mit vier Jahren die Diagnose Zöliakie bekam, war ich im ersten Moment erschrocken. Erschrocken, weil ich vor Augen hatte, was mein kleiner Sohn ab sofort alles nicht mehr essen kann. Ich war teilweise richtiggehend traurig und hätte ihm die Zöliakie gerne abgenommen – ich hatte ja schließlich schon alles einmal probiert!

Eigentlich war die Diagnose bei ihm nur eine reine Zufallsdiagnose. Er hatte gerade einen Bruder bekommen (den er sehr liebt), als seine Bauchschmerzen begannen. Die, wie er es nannte, Sorge um die Mama im Krankenhaus und die veränderte familiäre Situation hatte bei ihm zu Bauchschmerzen geführt. Hinter diesen steckte keine wirkliche Regelmäßigkeit – sie kamen, gingen und blieben. Der Kinderarzt machte verschiedene Untersuchungen, und für uns völlig unerwartet hieß es dann, unser Sohn habe Zöliakie.

Auf der einen Seite war klar, dass es sich nicht um eine lebensbedrohliche Krankheit handelt, dass er nicht einmal Medikamente benötigt. Auf der anderen Seite handelt es sich aber trotzdem um eine Erkrankung, die einen gravierenden Einschnitt in unser und vor allem sein Leben nach sich ziehen sollte.

Ich machte mir große Sorgen, dass andere Kinder ihn ausgrenzen könnten und dass er traurig über all die Dinge war, die er nicht mehr essen konnte.

Tatsächlich, so kann ich inzwischen sagen, sind diese Sorgen weitestgehend unbegründet. Natürlich gibt es hier und da Situationen, in denen er traurig ist, dass er die Smarties oder das gewohnte Sonntagscroissant nicht mehr essen kann. Aber für die meisten dieser Dinge haben wir inzwischen Alternativen gefunden. Auch für seine Freunde, für andere Kinder im Allgemeinen, war die Zöliakie unseres Sohnes bisher kein großes Thema. Für sie ist einfach klar, dass er bestimmte Dinge nicht essen kann und einige Lebensmittel weglassen muss.

Als klar war, dass er sich ab sofort anders ernähren muss, haben wir ausführlich mit ihm über Gluten und die Zöliakie geredet, ihm seine Fragen beantwortet. Im Anschluss bekam die Zöliakie, zumindest ihm gegenüber, keinen großen Raum mehr. Sie sollte für ihn etwas ganz Normales sein, etwas, das zu seinem und unserem Leben dazugehört.

Wirklich ärgerlich, so kann ich ebenfalls inzwischen sagen, ist nicht etwa die Reaktion anderer Kinder, sondern das Verhalten erwachsener Menschen. So werfen diese ihm teilweise wirklich unangenehme Blicke zu, wenn er seine ›Zöli-Mitnahmebox‹ auspackt und nicht das essen kann, was die eigenen Kinder essen. Ärgerlich auch, wenn sie unangemessene Kommentare abgeben, wenn wir zum Beispiel darum bitten, ein Würstchen auf ein eigenes mitgebrachtes Brötchen zu legen.

Umso erfreulicher ist es natürlich, wenn das Gegenteil eintritt und es für Freunde und Bekannte völlig selbstverständlich ist, für Nicolas etwas Passendes auf den Tisch zu stellen, damit ihm erst gar nicht auffällt, dass er etwas anderes essen muss. Und auch wunderbar, wenn wir in unseren geliebten Spanien- oder Holland-Urlaub aufbrechen und Gluten für Hotels und Supermärkte in diesen Ländern noch weniger ein Fremdwort ist als in Deutschland.

Für Nicolas selbst, und das ist mir das Wichtigste zu erwähnen, war die Zöliakie von Anfang an eigentlich nie ein Problem. Teilweise habe ich sogar das Gefühl, dass er diesen ›Sonderstatus‹ auch ein wenig genießt. Die geliebte Schachtel mit Leckereien im Kindergarten, die immer prall gefüllte Mitnahme-Box oder eben auch einmal die Wurst ohne Brot – all dies sei ihm gegönnt!

›Zöli wohnt in meinem Bauch‹ ist in erster Linie für meinen Sohn Nicolas, der sich genau so die Zöli in seinem Bauch vorgestellt hat, entstanden! Zöli ist auch geschrieben für Kinder, die die Diagnose Zöliakie bekommen haben und die spielerisch verstehen sollen, was genau diese Krankheit bedeutet, was diese mit ihnen und ihrem Körper macht und welche ersten Schritte man mit ihr gehen muss. Zöli ist aber auch für all jene Eltern, die sich ebensolche Sorgen machen wie wir und die selbst verstehen möchten, was Zöliakie eigentlich bedeutet!

Zu guter Letzt ist dieses Buch aber auch für mich selbst entstanden – für eine Mama, die das ein oder andere Mal immer noch traurig ist, dass ihr kleiner Sohn nicht mehr alles essen kann, und die sich dann das Buch schnappt und ein bisschen über die Zöli schmunzeln kann!

PASS

Name: Zöli (Akie)

Wohnhaft bei: _____

Eigenart: Darf kein Gluten essen!

Achtung Gluten
Weizen, (Weizenstärke/Weizeneiweiß/Weizenkleber), Dinkel, Roggen, Gerste/Gerstenmalz, Grünkern, Hafer, Kamut, Einkorn, Bulgur, Triticale, Emmer

Daraus hergestellte Lebensmittel
Mehl, Teigwaren, Grieß, Graupen, Seitan, Flocken (Müsli), Paniermehl

Gluten ist enthalten in
Brot, Brötchen, Baguette, Blätterteig, Gnocchi, paniertem Fleisch oder paniertem Fisch, Pizza, Nudeln, Knödel, Kuchen, Torten, Keksen, Müsliriegel, Knabbergebäck, Eiswaffeln, Malzbier etc.

Wichtig
Stärke und modifizierte Stärke sind glutenfrei, wenn dahinter nicht (Weizen) oder (Gluten) steht! Lebensmittel mit der Info »Kann Spuren von Gluten enthalten«, die DZG geprüft sind, dürfen verzehrt werden!

FRIDOLINS TAGEBUCH

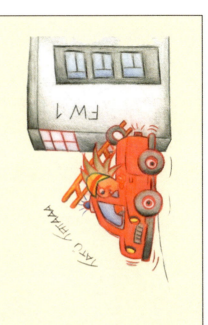

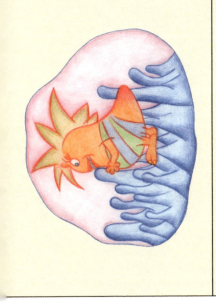

Informationen

Wichtige Informationen rund um das Thema Zöliakie erhaltet ihr bei der Deutschen Zöliakie Gesellschaft e.V. unter www.dzg-online.de.

Impressum

Maren Lindemann
Zöli wohnt in meinem Bauch
Sachbuch/Kinderbuch

Zeichnungen: Maren Lindemann

1. Auflage • Juli 2017
ISBN Buch: 978-3-95683-431-8
ISBN E-Book PDF: 978-3-95683-432-5
ISBN E-Book epub: 978-3-95683-433-2

Lektorat: Ulrike Rücker
ulrike.ruecker@klecks-verlag.de
Umschlaggestaltung: Ralf Böhm
info@boehm-design.de • www.boehm-design.de

© 2017 KLECKS-VERLAG
Würzburger Straße 23 • D-63639 Flörsbachtal
info@klecks-verlag.de • www.klecks-verlag.de

Bildnachweis: www.fotolia.de

Bibliografische Information der Deutschen Nationalbibliothek:

Die Deutsche Nationalbibliothek verzeichnet diese Publikation in der Deutschen Nationalbibliografie; detaillierte bibliografische Daten sind im Internet über http://dnb.d-nb.de abrufbar.

Leseempfehlung ...

Marlies Curth

Der König und die Farben

Kinder-/Vorlesebuch

Format 21 x 25 cm • Hardcover mit Leseband
ISBN Buch: 978-3-95683-352-6
ISBN E-Book PDF: 978-3-95683-353-3
ISBN E-Book epub: 978-3-95683-354-0

Ein König lebt in einem grauen Land. Unglücklich darüber wünscht er sich eines Nachts von einer Fee sein Land in einer anderen Farbe. Doch schnell merkt er, dass er alles nur noch schlimmer gemacht hat. Eine neue Farbe muss her, doch wieder macht er seine Untertanen sehr unglücklich.

Nacht für Nacht wünscht er sich eine neue Farbe für sein Reich, bis die Fee ihm schließlich ein Geheimnis verrät ...
Ihr wollt wissen, welches? Dann lasst euch die Geschichte vom König und den Farben erzählen.

Leseempfehlung ...

Julia Vogt/Lisa Oppermann

Sternenkletterer
Die Erinnerungen bleiben

Kinderbuch/Vorlesebuch

Format 21 x 25 cm • Hardcover mit Leseband
ISBN Buch: 978-3-95683-382-3
ISBN E-Book PDF: 978-3-95683-383-0
ISBN E-Book epub: 978-3-95683-384-7

Plötzlich ist alles anders.
Nie wieder wird Jasper Mika zum Lachen bringen.
Nie wieder werden sie gemeinsam Fußball spielen.

Die Liste in Mikas Kopf nimmt kein Ende. Ihm fallen ständig neue Dinge ein, die er nicht mehr mit seinem Bruder erleben wird. Denn Jasper ist gestorben und Mika fühlt sich ganz allein. Wie soll es jetzt nur weitergehen? Ein Leben ohne Jasper? Unvorstellbar! Zum Glück gibt es noch Liam, Mikas großen Bruder. Liam hilft Mika, mit seiner Trauer umzugehen und ist immer für ihn da. Alles erinnert Mika an Jasper und eine Frage lässt ihn einfach nicht los: Wo ist Jasper?